CW01466100

THE LITHUANIAN PHRASEBOOK

BY AUSRA MIELKUTE

CONTENTS

PRONUNCIATION GUIDE

a as in car

e as in eat

g as in get

h as in hope

i as in sit

ū as in j

y as i in machine

j as y in yacht

r as in Roma

o as in more

u as in put

1. MOST COMMON EXPRESSIONS

Hello!   Labas!

Yes (formal)   Taip

Yes/Yeah (informal)   Taip

I can't speak Lithuanian   Aš gerai nekalbu
well   lietuviškai

Maybe   Galbūt

No, thank you   Ne, ačiū

I'm sorry   Atsiprašau

Excuse me   Atleiskite

Please   Prašau

How much do you want for this?	Kiek tai kainuoja?
Excuse me, where is the restroom?	Atleiskite, kur tualetas?
Do you understand English?	Ar suprantate angliškai?
Do you speak English?	Ar kalbate angliškai?
Just a minute	Tuojau
That's alright	Gerai
What did you say?	Ką sakėte?
It doesn't matter	Tai nesvarbu
I don't speak Lithuanian	Aš nekalbu lietuviškai

I speak only a little Lithuanian	Aš šiek tiek kalbu lietuviškai
I don't understand Lithuanian	Aš nesuprantu lietuviškai
I understand only a little Lithuanian	Aš tik šiek tiek suprantu lietuviškai
I'm sorry, could you repeat that?	Atsiprašau, gal galite pakartoti?
How do you say ... in Lithuanian?	Kaip pasakyti ... lietuviškai?
What does that mean?	Ką tai reiškia?
Please, repeat	Prašau, pakartokite

2. AT THE AIRPORT

Passport	Pasas
Ticket	Bilietas
Where did you arrive from?	Iš kur jūs atvykote?
Where are you traveling?	Kur jūs keliaujate?
How many bags do you have?	Kiek krepšių turite?

3. INTRODUCTIONS

My name is John	Mano vardas yra Džonas
What is your name?	Koks jūsų vardas?
Nice to meet you	Malonu susipažinti
How are you?	Kaip sekasi?
Good/ very good	Gerai/ labai gerai
And you	O jums?
Alright	Gerai
So-so	Vidutiniškai
Bad	Blogai

Bye	Iki
Goodbye	Viso gero
This is my...	Tai mano...
... wife	... žmona
...boyfriend	... vaikinas
...girlfriend	... mergina
...son	...sūnus
...daughter	... dukra
I work for...	Aš dirbu...
I'm here...	Aš čia...
...on vacation	...atostogoms

...for work	...darbo reikalais
...from United States	...iš Jungtinių Valstijų
I am married	Aš vedęs
I am single	Aš vienišas
Yes	Taip
I understand	Aš suprantu
Not	Ne
Do you understand	Ar jūs suprantate?
Excuse me/Sorry	Atleiskite/Atsiprašau
I'm an American	Aš amerikietis
I live in...	Aš gyvenu...

I speak English	Aš kalbu angliškai
Do you speak English?	Ar jūs kalbate angliškai?
I speak Lithuanian	Aš kalbu lietuviškai
A little	Truputį
Do you speak Lithuanian?	Ar kalbate lietuviškai?
Pleasure to do business with you	Malonu turėti su jumis reikalų
I have an appointment with	Aš turiu susitikimą su...
Here is my business card	Tai mano vizitinė kortelė
I work for	Aš dirbu...
Do you want?	Ar norite?

I want...	Aš noriu...
I don't want...	Aš nenoriu...
...to eat	...valgyti
...to drink	...gerti
I want to go...	Aš noriu eiti...
I don't want to go...	Aš nenoriu eiti...
...to the restaurant	...į restoraną
...to the hotel	...į viešbutį
...to a concert	...į koncertą
...home	...namo
...to the movies	...į kiną

...for a walk	...pasivaikščioti
Thank you	Ačiū
Please/You're welcome	Prašau/Nėra už ką

4. DIRECTIONS

General directions

To the left	Į kairę
To the right	Į dešinę
Straight	Tiesiai
Back	Atgal
Take the first left/right	Pirmas posūkis į kairę/dešinę
Near the building	Netoli pastato
Far	Toli
Not far	Netoli

By foot	Pėsčiomis
By car	Automobiliu
On the bus	Autobusu
How do I get to	Kaip man nuvykti į...
... the airport	...oro uostą?
... the hotel?	...viešbutį?
... the movie theater?	...kino teatrą?
... the museum?	...muziejų?
... the restaurant?	...restoraną?
... the café?	...kavinę?
... the mall?	...prekybos centrą?

... the gas station?   ...degalinę?

... the bazaar?   ...turgų?

... the restroom?   ...tualetą?

...the   train station?

... the street?   ...gatvę?

Is there...   Ar ten yra...

...a bank?   ...bankas?

...a bus stop ?   ...autobuso stotelė?

...a café?   ...kavinė?

...a store?   ...parduotuvė?

...a church?   ...bažnyčia?

...a cinema?	...kino teatras?
...a currency exchange?	...valiutos keitykla?
...a drugstore?	...vaistinė?
...a dry cleaners?	...valykla?
...a gas station?	...degalinė?
...a hospital?	...ligoninė?
... a parking lot?	...stovėjimo aikštelė?
... a restroom?	...tualetas?

5. AT THE HOTEL

Hi, I have a reservation	Sveiki, aš turiu rezervaciją
My name is...	Mano vardas...
I need a room, please	Man reikia kambario, prašau
We need two rooms please...	Mums reikia dviejų kambarių, prašau
... with one bed	...su viena lova
... with two beds	...su dviem lovomis
It's for...	Tai...
... a few days	...keletui dienų
... a week	...savaitei

... two weeks	...dviems savaitėms
Is breakfast included?	Ar įskaičiuojami pusryčiai?
What time is breakfast served?	Kada patiekiami pusryčiai?
Could I look at the rooms?	Ar galiu apžiūrėti kambarius?
What time do I have to vacate the room?	Kada turiu apleisti kambarį?
Could I reserve a room, please?	Ar galiu užrezervuoti kambarį?
Yes	Taip
No	Ne

We don't have available rooms	Mes neturime laisvų kambarių
No, thank you	Ne, ačiū
I need...	Man reikia...
...another blanket	...kitos antklodės
...another pillow	...kitos pagalvės
...another towel	...kito rankšluosčio
...more soap	...daugiau muilo
...a razor	...skustuvo
...a hair dryer	...džiovintuvo
Please, some more...	Prašau daugiau...

...tea	...arbatos
...coffee	...kavos
...water	...vandens
...juice	...sulčių
...milk	...pieno
...bread	...duonos
...eggs	... kiaušinių
Come in	Užeikite
Later, please	Vėliau, prašau
I need a taxi, please	Man reikia taksi, prašau

6. MEDICAL ISSUES

Major Issues

I need ...	Man reikia...
... a doctor	...gydytojo
... a hospital	...ligoninės
My head hurts	Man skauda galvą
My stomach hurts	Man skauda skrandį
My arm hurts	Man skauda ranką
My hand hurts	Man skauda delną
My leg hurts	Man skauda koją

My foot hurts	Man skauda pėdą
My back hurts	Man skauda nugarą
My ear hurts	Man skauda ausį
My kidney hurts	Man skauda inkstą
My neck hurts	Man skauda kaklą
My throat hurts	Man skauda gerklę
It hurts right here	Man skauda čia
The pain is sharp	Skausmas yra stiprus
The pain is not sharp	Skausmas nėra stiprus
It hurts sometimes	Skauda kartais
It hurts all the time	Skauda visuomet

I lost...	Aš pamečiau...
...my glasses	...savo akinius
...my contact lenses	...savo kontaktinius lęšius
...my prescription medication	...savo receptinius vaistus
I have a cold	Aš peršalau
I need some aspirin	Man reikia aspirino
I have a fever	Aš karščiuoju
I feel dizzy	Aš jaučiuosi apsvaigęs
I have a...	Aš turiu...
...high blood pressure	....aukštą kraujospūdį

...asthma   ...astmą

...diabetes   ...diabetą

7. SHOPPING

Hello/Hi   Sveiki/Labas

I need help, please   Man reikia pagalbos

I'm just looking   Aš tik žiūriu

Yes, please   Taip, prašau

No, thank you   Ne, ačiū

Could I try this on please?   Ar galėčiau tai
                                pasimatuoti?

How much does this cost?   Kiek tai kainuoja?

I like this   Man patinka

I don't like this   Man nepatinka

That's too expensive	Tai per brangu
Could you lower the price?	Gal galėtumėte nuleisti kainą?
Is this on sale?	Ar tai parduodama?
I'll take this	Aš pirksiu tai

Clothes

I need to buy...	Man reikia nusipirkti...
...a belt	...diržą
...a bathing suit	...maudymosi kostiumėlį
... a coat	...paltą
... a tie	...kaklaraištį

... a bra	...liemenėlę
...panties	...kelnaites
...a sweater	...megztinį
...a shirt	...marškinius
...a jacket	...švarką
... socks	...kojines
...pants	...kelnes
...jeans	... džinsus
... briefs	...trumpikes
...boxers	...šortukus
...gloves	...pirštines

...shoes ...batus

...a skirt ...sijoną

... a hat ...kepurę

Do you have this in... Ar turite tai....

...black ...juodą

...blue ...mėlyną

...brown ...rudą

...green ...žalią

...gray ...pilką

...pink ...rožinį

...red ...raudoną

...white	...baltą
...yellow	...geltoną

Payment

Do you take...	Ar priimate...
...credit cards?	...kreditines korteles?
...cash?	...grynuosius?
...dollars?	...dolerius?
...checks?	...čekius?

Likely responses

Can l help you?	Gal galiu jums padėti?

Do you need anything else?	Ar jums reikia dar ko nors?
What would you like?	Ko jums reikėtų?
Yes, of course	Taip, žinoma
No, I'm sorry	Ne, apgailestauju

Disputes

This is a mistake	Tai klaida

Food

Hello	Sveiki
Where is the supermarket?	Kur yra prekybos centras?
Where is the store?	Kur yra parduotuvė?

I need some help	Man reikia pagalbos
I'd like to buy	Aš norėčiau nusipirkti
Where is the...	Kur yra...
...bread?	...duona?
...eggs?	...kiaušiniai?
...butter?	...sviestas?
...sour cream?	...grietinė?
...rice?	...ryžiai?
½ kilos	Pusė kilogramo
¾ kilos	Trys ketvirtadaliai kilogramo

1 kilo	Kilogramas
2 kilos	Du kilogramai
3 kilos	Trys kilogramai
4 kilos	Keturi kilogramai
Meat	Mėsa
Beef	Jautiena
Pork	Kiauliena
Chicken	Vištiena
Lamb	Ėriena
Mutton	Aviena
Veal	Veršiena

Shrimp	Krevetės
Fish	Žuvis
Salmon	Lašiša
Sturgeon	Eršketas
Cod	Menkė

Fruit

Strawberry	Braškė
Apple	Obuolys
Apricot	Abrikosas
Banana	Bananas
Cherry	Vyšnia

Grapefruit	Greipfrutas
A melon	Melionas
Pear	Kriaušė
Pineapple	Ananasas
Grapes	Vynuogės
Raspberry	Avietė

Vegetables

Carrots	Morkos
Cabbage	Kopūstas
Eggplant	Baklažanas
Mushrooms	Grybai

Peas	Pupos
Green peppers	Žaliosios paprikos
Red peppers	Raudonosios paprikos
Potatoes	Bulvės

Drinks

Wine	Vynas
Beer	Alus
Vodka	Degtinė
Whiskey	Viskis
Cognac	Konjakas
Milk	Pienas

Mineral water	Mineralinis vanduo
Juice	Sultys
Tea	Arbata
Desserts	Desertai
Cake	Tortas
Ice cream	Ledai

Condiments

Where is...	Kur yra...
...the sugar?	... cukrus?
...the salt?	... druska?
...the tea?	... arbata?

...the ketchup?	... pomidorų padažas?
...the sour cream?	... grietinė?
...the mayonnaise?	... majonezas?
...the vinegar?	... actas?

Electronics

Hello	Sveiki
I need to buy...	Man reikia nusipirkti...
...batteries	... baterijas
...a camera	... kamerą
...CD player	...CD grotuvą
...headphones	... ausines

Smoking items

Hi, I need...	Labas, man reikia...
...a pack of cigarettes	...pakelio cigarečių
...two packs, please	...dviejų pakelių, prašau
...three packs	...trijų pakelių
...a lighter	...žiebtuvėlio
...some matches	...degtukų

Shopping for drugs

Where is the pharmacy?	Kur yra vaistinė?
Hi, I need...	Labas, man reikia...
...some aspirin	...aspirino

...a bandage	...tvarsčio
...some antiseptic	...antiseptiko
...insect repellent	...priemonės nuo vabzdžių
...lip balm	...vazelino
I need medication for...	Man reikia vaistų nuo...
...bites	...vabzdžių įkandimų
...cold	...peršalimo
...headache	...galvos skausmo
...flu	...gripo
...sunburn	...įdegimo

Do you have...	Ar turite...
...deodorant?	...dezodoranto?
...shaving crème?	... skutimosi putų?
...razors?	... skustuvų?
...some soap?	...muilo?
...some sunscreen?	...priemonių nuo nudegimo?
...some tampons?	...tamponų?
...some toilet paper?	... tualetinio popieriaus?
...some toothpaste?	...dantų pastos?
...some mouthwash?	...burnos skalavimo skysčio?

Miscellaneous Items

I need...	Man reikia...
...a pen	...rašiklio
...a guidebook	...turisto vadovo
...a bag	...krepšio
...a map	...žemėlapio
...a postcard	...atviruko
...some paper	...popieriaus
...fork	...šakutės
...knife	...peilio

8. AT THE RESTAURANT

Hello

Sveiki

I need a table please

Man reikia stalelio, prašau

I need a table...

Man reikia stalelio...

... for two

dviems...

... for three

trims...

... for four

keturiems...

Can we sit outside?

Ar galime atsisėsti lauke?

I'd like to see the menu, please

Aš norėčiau pamatyti meniu

Can we sit inside, please?

Ar galime atsisėsti viduje?

I have a reservation	Aš turiu rezervaciją
I'd like to make a reservation	Aš norėčiau užsirezervuoti
Do you have an English menu?	Ar turite meniu anglų kalba?

Drinks

Could you bring me the wine list?	Gal galėtumėte atnešti vyno sąrašą?

Ar galėčiau gauti...

...wine?	...vyno?
...beer?	...alaus?
...vodka?	...degtinės?

...whiskey ?	...viskio?
...cognac?	...konjako?
...milk?	...pieno?
...mineral water?	...mineralinio vandens?
...orange juice?	...apelsinų sulčių?
...grapefruit juice?	...greipfrutų sulčių?
...apple juice?	...obuolių sulčių?
...tea?	...arbatos?
I'd like a glass of...	Aš norėčiau taurės...
...red wine	...raudono vyno
...white wine	...balto vyno

...champagne	...šampano
I'd like a bottle of...	Aš norėčiau butelio...
...red wine	...raudono vyno
...white wine	...balto vyno
...champagne	...šampano
I'd like some...	Aš norėčiau...
...soup	...sriubos
...salad	...salotų

Desserts

| Cake | Tortas |
| Chocolate | Šokoladas |

Ice cream   Ledai

9. ENTERTAINMENT

Is there a nightclub nearby?	Ar netoliese yra naktinis klubas?
Where is the museum?	Kur yra muziejus?
Where is the nightclub?	Kur yra naktinis klubas?
Where is the theater?	Kur yra teatras?
Where is the zoo?	Kur yra zoologijos sodas?
Where is the swimming pool?	Kur yra baseinas?

10. PROBLEMS

Police   Policija

I have a complaint   Aš turiu nusiskundimą

Lost items

I have lost...   Aš pamečiau...

...my passport   ...savo pasą

...my documents   ...savo dokumentus

...my ticket   ...savo bilietą

...my wallet   ...savo piniginę

...my bag   ...savo krepšį

...my clothes	...savo rūbus
...my glasses	...savo akinius

Defective items

I bought this recently...	Aš neseniai nusipirkau tai...
...at the store	... parduotuvėje
...at the bazaar	... turguje
This item is defective	Šis daiktas yra sugedęs
I have the receipt	Aš turiu čekį
I don't have the receipt	Aš neturiu čekio
I need a refund	Aš noriu pinigų grąžinimo

I want to exchange the item	Aš noriu pasikeisti šį daiktą
I need to see the manager	Aš noriu matyti vadybininką

11. CHANGING MONEY

Bank	Bankas
Money exchange	Valiutos keitimas
Where can I exchange money?	Kur aš galiu išsikeisti pinigus?
What is the exchange rate?	Koks yra keitimo kursas?
I need to exchange this please	Aš noriu tai išsikeisti
I need to cash this check	Aš noriu išgryninti čekį
Here is my passport	Tai. mano pasas

12. General Reference Information

When	Kada
Right now	Dabar
Later	Vėliau
Not right now	Ne dabar
Maybe	Galbūt
Where	Kur
Here	Čia
There	Ten
Far/Not far	Toli / Netoli

Good	Geras
Bad	Blogas
Expensive	Brangus
Cheap	Pigus
What time is it?	Kiek valandų?
How much?	Kiek?
One	Vienas
Two	Du
Three	Trys
Four	Keturi
Five	Penki

Six	Šeši
Seven	Septyni
Eight	Aštuoni
Nine	Devyni
Ten	Dešimt
Eleven	Vienuolika
Twelve	Dvylika
Thirteen	Trylika
Fourteen	Keturiolika
Fifteen	Penkiolika
Sixteen	Šešiolika

Seventeen	Septyniolika
Eighteen	Aštuoniolika
Nineteen	Devyniolika
Twenty	Dvidešimt
Thirty	Trisdešimt
Forty	Keturiasdešimt
Fifty	Penkiasdešimt
Sixty	Šešiasdešimt
Seventy	Septyniasdešimt
Eighty	Aštuoniasdešimt
Ninety	Devyniasdešimt

One hundred	Šimtas
Two hundred	Du šimtai
Three hundred	Trys šimtai
Four hundred	Keturi šimtai
Five hundred	Penki šimtai
Six hundred	Šeši šimtai
Seven hundred	Septyni šimtai
Eight hundred	Aštuoni šimtai
Nine hundred	Devyni šimtai
One thousand	Tūkstantis
Two thousand	Du tūkstančiai

I have	Aš turiu
You have	Jūs turite

19436853R00041

Printed in Great Britain
by Amazon